AVIS AU PUBLIC,

OU

LE PHYSIONOMISTE EN DÉFAUT,

OPÉRA-COMIQUE EN DEUX ACTES;

Paroles M. DESAUGIERS,

Musique de M. ALEXANDRE PICCINI;

Représenté pour la première fois, à Paris, sur le Théâtre de l'Opéra-Comique, par les Comédiens ordinaires de l'Empereur, le 22 Novembre 1806.

Prix : 24 s. et 30 s avec le portrait.

PARIS,

Chez Mad. MASSON, Libraire, Editeur de Pièces de Théâtre et de Musique, rue de l'Echelle, N°. 10, au coin de celle St.-Honoré.

1807.

PERSONNAGES.	ACTEURS.
JEANNIN, marchand lyonnais.	M. *Juliet.*
ROSE, sa fille.	Mad. *Haubert.*
BLINVAL, amant de Rose, maître d'un Hôtel garni.	M. *Elleviou.*
RIVIERE, négociant lyonnais.	M. *Chenard.*
LUCILE, sa fille.	Mad. *Moreau.*
SAINT-CLAIR, amant de Lucile.	M. *Paul.*
M. ROCH, vieux garçon.	M. *Lesage.*
UN DOMESTIQUE, personnage muet.	

Le scène se passe à Paris, dans l'Hôtel garni de Blinval.

Nota. Les airs, la partition et les parties séparées, se trouvent chez madame *Masson*, où l'on trouve aussi, *Deux Mots*, *l'Epoux généreux* et *le Voyage impromptu.*

AVIS AU PUBLIC.

ACTE PREMIER.

(*Le Théâtre représente une Salle commune aux Voyageurs. De chaque côté est la porte d'un appartement. On entre par la porte du fond.*)

SCENE PREMIERE.
JEANNIN, RIVIERE.

RIVIERE.

Ma foi, mon cher Jeannin, à peine débarqué à Paris, je ne m'attendais pas à vous y rencontrer, et dans le même hôtel encore ? car voici mon appartement.

(*Il indique la porte à sa gauche.*)

JEANNIN (*indiquant celle à droite*).

Et voilà le mien. Nous sommes voisins, c'est charmant. Tel que vous me voyez, monsieur Rivière, j'arrive de Londres, d'où je n'étais pas sorti depuis mon départ de Lyon, et où j'ai appris...

RIVIERE.

A parler anglais?..

JEANNIN.

A faire fortune.

RIVIERE.

Cela vaut mieux, vous possédez la langue universelle.

JEANNIN.

Vous voyez que je n'ai pas perdu de tems.

RIVIERE.

Cela ne m'étonne pas, vous avez toujours eu l'esprit du commerce.

JEANNIN.

Oui, mais j'étais Français, et avec tout mon esprit, j'aurais fini par me ruiner dans ce pays-là, si je n'eusse bien vite changé de batteries.

RIVIERE.

Qu'avez-vous donc fait ?

JEANNIN.

Espérant que le goût naturel des Anglais l'emporterait sur le préjugé national, je pris un café, et en moins d'un mois, le punch que je vendis combla mon déficit.

RIVIERE.

C'est fort heureux ; ce qui renverse les autres, est ce qui vous a relevé.

JEANNIN.

Toujours gai, monsieur Rivière; mais maintenant j'ai bien un autre embarras.

RIVIERE.

Que vous arrive-t-il donc ?

JEANNIN.

Mon ami, j'ai la tête perdue.

RIVIERE.

Comment cela ?

JEANNIN.

Je marie aujourd'hui ma fille.

RIVIÈRE.

L'étrange rapport que voilà ! je marie aussi la mienne, c'est l'innocence, la douceur....

JEANNIN.

Pour la mienne, c'est autre chose, c'est une espiègle qui me fait donner tous les jours au diable... et confidentiellement, puis-je savoir à qui vous destinez votre aimable Lucile?

RIVIÈRE.

A un de mes correspondans, qui a rendu les plus grands services à ma maison ; et par ce mariage, la fille acquittera la dette du père.

JEANNIN.

Se connaissent-ils ?

RIVIÈRE.

Ils vont se voir pour la première fois.

JEANNIN.

Vous avez donc amené votre Lucile à Paris ?

RIVIERE.

Je me serais bien gardé de la laisser à Lyon ; ma prévoyance a su la dérober jusqu'ici aux piéges qu'on n'aurait pas manqué de tendre à sa simplicité ; mais me séparer d'elle c'eût été peut-être détruire, en un instant, l'ouvrage de plusieurs années.

JEANNIN.

Diable ! ne la perdez pas de vue, le climat de Paris ne serait pas moins dangereux pour elle que celui de Lyon.

RIVIÈRE.

C'est bien aussi ce que je compte faire ; son ame simple et aimante s'ouvre si facilement à toutes les impressions !... des dehors aimables, un langage flatteur une déclaration adroite ; puis quelques larmes factices, il n'en faudrait pas davantage pour lui tourner la tête, et l'éloigner pour toujours de l'époux que je lui destine.

JEANNIN.

Quel âge a-t-il ?

AU PUBLIC.

RIVIÈRE.

Ving-cinq ans.

JEANNIN.

C'est bien peu, est-il d'une physionomie heureuse ?

RIVIÈRE.

Je vois que vous n'avez pas changé de systême... toujours la manie de dechiffrer les cœurs, d'après les traits du visage.

JEANNIN.

Cet horoscope ne m'a jamais trompé ; il me suffit de voir un homme là, pour... (*mettant le doigt sur son front.*)

RIVIÈRE.

Quelle pénétration !

JEANNIN.

Je m'étais même fait une telle réputation à Londres, qu'on me donna le surnom de Lynx.

RIVIÈRE.

De Lynx ?

JEANNIN.

Oui, espèce d'animal...

RIVIÈRE.

Je sais, je sais... Mais, à votre tour, dites-moi, le mariage de votre fille est-il arrêté ?

JEANNIN.

Oui, mais le mari ne l'est pas encore.

RIVIÈRE.

Comment ?

JEANNIN.

J'en attends plusieurs aujourd'hui, et j'espère...

RIVIÈRE.

Plusieurs maris ?

JEANNIN.

Oui, vraiment, vous n'avez donc pas lu les petites affiches ?

RIVIÈRE.

Non, pourquoi cette demande ?

JEANNIN.

Je vais vous les chercher.

RIVIÈRE.

Je n'ai pas le temps de les lire... il est dix heures, il faut que je vous quitte... mais, à mon retour, j'espère renouer connaissance avec votre aimable Rose, dont je ne me rappelle pas même les traits... adieu, mon cher compatriote.

JEANNIN.

Un moment.

RIVIÈRE.
Impossible, c'est pour ma fille que je sors.
JEANNIN.
Et, moi c'est pour la mienne que je reste.

SCENE II.

JEANNIN, *seul.*

Il rira peut-être du parti que j'ai pris de mettre la main de ma fille au concours... ces gens qui n'ont jamais quitté leur province, se croiraient perdus, s'ils s'éloignaient d'un pas de leur routine acoutumée... Petits génies !.. ma fille mérite bien qu'on se la dispute, et le portrait que j'en fais, ne manquera pas d'attirer un grand nombre de prétendans. Eh bien ! nous les recevrons, nous comparerons, et ma fille trouvera en vingt-quatre heures, ce que tant d'autres passent leur vie entière à chercher.

COUPLETS.

Ma fille, jeune, riche et belle,
D'un époux fera le bonheur ;
Mais pour prétendre à cet honneur,
Il faut se rendre digne d'elle.
Je crois qu'à l'offre de ces nœuds
La décence en rien ne s'oppose ;
C'est moins un gendre que je veux,
Qu'un prix charmant que je propose.

Vous, qui, fatigués d'être riches,
Du bonheur cherchez le chemin,
Messieurs, il est sous votre main,
Lisez les petites affiches.
Esprit, talens, grâces, vertus
De ma fille y plaident la cause ;
C'est souvent aux effets perdus
Qu'on trouve ce que je propose.

SCENE III.

JEANNIN, BLINVAL.

BLINVAL, (*riant et un journal à la main.*)
La bonne folie !
JEANNIN.
De quoi riez-vous donc, monsieur Blinval ?
BLINVAL.
De l'article qu'un original qui loge chez moi, a fait mettre dans cette feuille ! Ecoutez, et dites-moi si les petites maisons lui conviendraient pas mieux que mon hôtel. (*Il lit.*)

» Avis au public : un voyageur lyonnais qui fait son état du
» commerce, et qui jouit d'une fortune assez considérable, a
» une fille à marier. »

JEANNIN, (à part.)

C'est mon annonce.

BLINVAL, (continuant.)

« Elle est jeune, jolie et aimable, ses cheveux sont cha-
» tains, ses yeux noirs, son teint charmant et sa bouche
» parfaite, son père lui donnera une dot proportionnée au
» mérite du prétendant qui lui sera agréable. Leur demeure
» est rue du Helder, hôtel de l'Espérance. On peut se
» présenter tous les jours, depuis dix heures du matin jusqu'à
» six du soir. On est invité à ne pas perdre un instant. »
Eh bien ! monsieur Jeannin, que dites-vous de cette extravagance ?

JEANNIN, (piqué.)

Qu'elle ne peut partir que d'un cerveau fêlé. Mais à qui l'attribuez-vous ?

BLINVAL, (mistérieusement.)

A monsieur Rivière.

JEANNIN.

Et pourquoi à lui plutôt qu'à moi ?... ne suis je pas Lyonnais aussi ?

BLINVAL.

Sans doute, mais...

JEANNIN.

Commerçant ?

BLINVAL.

D'accord.

JEANNIN.

N'ai-je pas une fille charmante ?

BLINVAL.

Adorable !

JEANNIN.

En âge d'être mariée ?

BLINVAL.

Oui, mais vous êtes bon père, vous... vous consulterez son cœur ; vous ne livrerez pas à l'humiliation d'un concours, à la bisarrerie d'un choix ridicule, ce que la nature forma de plus intéressant et de plus parfait.

JEANNIN.

Eh ! pourquoi donc pas, s'il vous plaît ?

BLINVAL.

Quoi ! vous approuveriez l'extravagance d'un père, assez ridicule ?...

JEANNIN.
Si bien, que je suis ce père-là.
BLINVAL.
Qu'entends-je ? quoi, Monsieur Jeannin, c'est vous !....
JEANNIN.
Moi-même, qui fais aujourd'hui à Paris ce qui se pratique journellement à Londres.
BLINVAL.
A Londres ! belle autorité !
JEANNIN.
Y avez-vous été, à Londres ?
BLINVAL.
Jamais.
JEANNIN.
Voilà mes étourdis !.. apprenez, monsieur, que pour bien apprécier la solidité, la profondeur des Anglais, il faut, comme moi, les avoir suivis, étudiés, et où cela ? à table.
BLINVAL, (*riant.*)
A table ?
JEANNIN.
Oui, monsieur, à table: les mains armées de verres où pétille un punch brûlant, qui ferait sauter toutes les cervelles françaises froids, réfléchis, ils boivent du matin au soir, et ne disent rien.
BLINVAL.
C'est l'esprit de la nation ; mais tout cela ne vous autorisait pas à publier votre enfant sur les affiches, comme un effet de commerce.
JEANNIN.
Taisez-vous, Parisien que vous êtes. Je sais ce que je fais. J'ai voyagé et j'ai appris à fouler aux pieds les sots préjugés qui garottent la plpart des hommes.
BLINVAL.
Et dans quel pays avez-vous vu qu'un père mariât sa fille, avant d'avoir étudié les sentimens, le caractère de son époux ?
JEANNIN.
Et la physionomie, monsieur ?
BLINVAL.
Trompe souvent.
JEANNIN.
Jamais les yeux d'un homme qui, ayant, comme moi, tenu pendant six ans un café, a dû y avoir mille originaux, et a eu le tems d'y observer ses semblables.
(*Rose paraît et écoute.*)
BLINVAL.
Et mademoiselle Rose a consenti ?..

JEANNIN.

Je voudrais bien qu'elle me résistât, quand je ne m'occupe que de son bonheur!

BLINVAL.

Croyez-vous l'assurer par ce moyen?

JEANNIN.

C'est ce qui ne vous regarde pas... permettez-moi de vous le dire. Vous me logez, je vous paye; vous attendez vos voyageurs, j'attends mes prétendans, vous louez vos chambres le plus cher que vous pouvez, je marie ma fille le mieux qu'il m'est possible, vous êtes content, je le suis aussi, et voilà comme, quand chacun ne se mêle que de ses affaires, tout va le mieux du monde. Votre serviteur de tout mon cœur. (*il sort.*)

SCENE IV.

BLINVAL, ROSE.

ROSE.

Eh bien! a-t-on jamais vu obstination pareille?

BLINVAL.

Ah! c'est vous, ma chère Rose, je suis au désespoir, votre père...

ROSE.

J'ai tout entendu, et je ne croyais pas être l'infortunée Lyonnaise dont le signalement m'a tant fait rire ce matin.

BLINVAL.

J'ai été sur le point de lui avouer notre amour.

ROSE.

Vous auriez tout gâté; mon père n'est plus ce qu'il était, quand vous le connûtes à Lyon, il y a cinq ans. Simple marchand alors, il eût été flatté de vous nommer son gendre, mais aujourd'hui, maître d'une fortune considérable, il n'est pas de parti brillant auquel sa fille n'ait droit de prétendre.

BLINVAL.

Maudite vanité!

ROSE.

Et d'ailleurs, ignorez-vous l'ancienne rivalité qui existait entre votre père et le mien, les obstacles qu'il a voulu mettre à son mariage, l'éternel procès que sa jalousie lui a suscité?

BLINVAL.

Je sais tout cela; mais doit-il m'en punir, moi, qui n'existais pas alors?

ROSE.

Vous êtes le fils d'un homme qu'il déteste, et c'est un grand crime à ses yeux.

BLINVAL.

Il faut donc recevoir patiemment les prétendans qui vont se présenter ?

ROSE.

Je m'attends à voir des figures bien originales.

BLINVAL.

Les curieux riront de cette folie, les oisifs en feront la nouvelle du jour, et vous serez assiégée de visites...

ROSE.

Qui m'amuseraient beaucoup, si l'objet en était moins sérieux.

BLINVAL.

Au contraire, ce sera fort gai !...

SCÈNE V.

BLINVAL, ROSE, St. CLAIR.

St. CLAIR.

Monsieur, je vous salue, n'êtes-vous pas le maître de cet hôtel ?

BLINVAL.

Oui, monsieur ; désirez-vous un appartement ?

St. CLAIR.

C'est un autre motif qui m'attire chez vous. J'ai vu les petites affiches, et le portrait qu'on y fait d'une charmante Lyonnaise..

BLINVAL.

A piqué votre curiosité (*à part.*) perte soit de la visite !

St. CLAIR (*à part.*)

Mais que vois-je ?... les cheveux châtains, les yeux noirs, serait-ce ?..

ROSE, (*bas à Blinval.*)

Je suis reconnue.

St. CLAIR, (*à part.*)

Dissimulons.

BLINVAL

Est-ce que votre intention serait vraiment d'épouser cette jeune personne ?

St. CLAIR.

Pourquoi pas, si elle me plaît?

BLINVAL.

A votre âge, monsieur, quelle folie !

St. CLIR.

C'est à mon âge qu'on en fait. D'ailleurs, j'ai le goût de la dépense, de la dissipation, et j'ai besoin d'une compagne qui ait l'art de borner mes désirs et de captiver toutes mes affections.... sans quoi, je désespère de moi-même.

BLINVAL.

En ce cas, je doute que la demoiselle vous convienne.

St. CLAIR.

Elle est donc d'un caractère ?...

BLINVAL.

Fort difficile à vivre.

ROSE, (bas à Blinval.)

Eh bien !

St. CLAIR, (à part.)

C'est elle.

BLINVAL.

De plus légère, inconséquente et coquette... ah !

St. CLAIR.

Coquette ? l'éloge qu'on fait de sa figure serait-il aussi flatté ?

BLINVAL.

Elle n'est pas jolie.

ROSE, (bas à Blinval.)

Courage !

BLINVAL.

Une tournure assez gauche.

ROSE, (de même.)

De mieux en mieux.

BLINVAL.

Esprit et langage fort ordinaires.

ROSE (vivement).

On dit pourtant qu'elle dessine, danse et chante avec de goût.

Ss. CLAIR, (à part.)

Je n'en puis plus douter.

BLINVAL.

Elle danse fort mal, et ne sait pas une note de musique.

St. CLAIR.

Elle a en vous un juge bien sévère.

BLINVAL.

Ce que j'en dis...

St. CLAIR.

M'aurait presque guéri du désir de la voir, si tout ne m'assurait que la jeune et jolie personne annoncée, n'est autre que mademoiselle.

ROSE.
Moi, monsieur? je ne suis ni jolie...

BLINVAL.
Ni à marier, car c'est mon épouse que j'ai l'honneur de vous présenter.

ROSE, (à part.)
Qu'est-ce qu'il dit donc?

St. CLAIR.
Votre épouse?

BLINVAL.
Depuis six mois.

St. CLAIR.
Ah! pardon, mille fois pardon, madame... mais enfin ne peut-on voir?..
(On entend une ritournelle de harpe.)
Qu'entends-je?

ROSE, (à St. Clair.)
C'est elle, monsieur.

St. CLAIR, (à Blinval.)
Qui? la personne?.. que me disiez-vous donc?
(On entend une voix chanter le couplet suivant.)

> Quel est ce mal qui tourmente en secret
> Fille qui touche à sa quinzième aurore?
> Quand vient le jour, mon cœur est inquiet,
> Quand le jour fuit, je suis plus triste encore.

St. CLAIR.
Mais la voix de cette jeune Lyonnaise me captive, malgré moi.

BLINVAL.
Elle va, sans doute, paraître; nous vous laissons avec elle; vous sentez qu'une maison comme la nôtre a toujours besoin de l'œil du maître ou de la maîtresse... viens, ma femme.

ROSE.
Non, mon ami, je rentre dans mon appartement, *(à St. Clair.)* monsieur, je vous salue, et quoi qu'en dise mon mari, croyez que la jeune personne qui vous attire ici, n'est pas tout-à-fait indigne de votre estime et de votre hommage.
(Elle rentre chez elle.)

St. CLAIR.
L'un à droite, l'autre à gauche... allons, j'avais tort, ils sont bien mariés.

SCENE VI.
St. CLAIR, LUCILE.

LUCILE, *(voyant sortir Blinval.)*
Monsieur Blinval, monsieur Blinval?

St. CLAIR, (*à part.*)

Quelle douceur dans ses traits! (*haut.*) puis-je vous être utile, mademoiselle ?

LUCILE, (*se disposant à rentrer.*)

Un jeune homme!....

St. CLAIR.

Vour me fuyez?.. permettez-moi, du moins, de vous remercier du plaisir que je viens d'éprouver à vous entendre.

LUCILE.

Vous m'avez entendue, monsieur?..je cherchais à m'occuper en attendant le retour de mon père.

St. CLAIR.

Comment, il vous laisse seule, un jour comme celui-ci ?

LUCILE.

Que voulez-vous dire ?

St. CLAIR.

Un jour où vous devez être assiégée d'une foule de visites aussi importunes qu'indiscrètes.

LUCILE.

Je ne vous comprends pas.

St. CLAIR.

Ne demeurez-vous pas dans cet hôtel ?

LUCILE.

Oui, monsieur.

St. CLAIR.

N'êtes-vous par Lyonna se ?

LUCILE.

Oui, monsieur.

St. CLAIR.

Fille d'un négociant ?

LUCILE.

Oui, monsieur.

St. CLAIR.

Monsieur votre père n'est il pas dans l'intention de vous marier ?

LUCILE.

Oui, monsieur.

St. CLAIR.

Et vous ne m'entendez pas ?

LUCILE.

Non, monsieur.

St. CLAIR.

Cette feuille va achever de vous instruire; lisez, mademoiselle. (*Il lui donne le journal.*) (*à part.*) Que d'attraits! où donc ce monsieur Blinval avait-il la tête ?

LUCILE, (*lisant.*)
« Il a une fille à marier, jeune, jolie, aimable ».

St. CLAIR.
Vous voyez bien que c'est vous.

LUCILE.
On se marie donc quelquefois comme cela à Paris ?

St. CLAIR.
Je l'ignorais, mais est-ce avec vous qu'on devrait faire usage d'une méthode pareille, quand il n'est pas un seul homme qui ne fut fier de vous appartenir ?

LUCILE.
Vous croyez ?..

St. CLAIR.
Oui, si j'en juge par ce que j'éprouve auprès de vous.

LUCILE.
Qu'éprouvez-vous donc ?

St. CLAIR.
Le plus ardent désir de vous arracher au malheur qui vous menace.

LUCILE.
Que d'obligations je vous aurais !... car enfin si mon père veut me marier, pourquoi m'amène t-il à Paris ? il ne manque pas à Lyon de jeunes gens aimables, qui auraient pu me plaire.

St. CLAIR, (*à part.*)
Quelle heureuse candeur ! voilà justement la femme qu'il me faut.

LUCILE.
Etes-vous de Lyon, monsieur ?

St. CLAIR.
J'en voudrais être, si ce titre devait vous prévenir en ma faveur.

LUCILE.
Et vous venez ici pour m'épouser ?

St. CLAIR.
Je ne vous cache pas que le seul désir de vous voir m'avait d'abord amené près de vous, et que maintenant un sentiment plus tendre m'y retient.

LUCILE, (*à part.*)
Comme il s'exprime avec grâce !

St. CLAIR.
Daignez approuver ma démarche; sûr de l'aveu de mon père, je vole auprès du vôtre, et si un état honorable, l'amour le plus tendre et une estime générale sont des titres à la

main de sa fille, je ne doute pas qu'il ne ferme à l'instant le concours, et qu'il ne cède à mes prières.

LUCILE.

Que lui dire ?

DUO.

S.-CLAIR.

Vous vous taisez.

LUCILE.

Quel trouble extrême !

S.-CLAIR.

Ah ! prononcez...

LUCILE.

Je ne le puis.

S.-CLAIR.

Adoucir, charmer vos ennuis,
Serait pour moi le bonheur même ;
Ah ! prononcez...

LUCILE.

Je ne le puis.

S.-CLAIR.

D'un père hélas ! la volonté suprême,
Dans un moment, peut sans retour,
Vous arracher à mon amour.

LUCILE.

Quoi, vous m'aimez?

S.-CLAIR.

Oui, je vous aime!

Ensemble.

S.-CLAIR, (à part.)	ROSE, (à part.)
Elle m'écoute, elle sourit,	O ciel ! il m'aime, il me le dit,
Et je redoutais sa colère...	Et je l'écoute sans colère...
Son cœur palpite, il s'attendrit...	Mon cœur palpite, il s'attendrit...
Aurais-je déjà su lui plaire ?	D'où naît ce charme involontaire?

Ensemble.

S.-CLAIR.	LUCILE.
Aveu touchant,	Quel sentiment !
Un doux penchant	Quel doux penchant
Vers moi l'entraine	Vers lui m'entraine !
Hélas ! mon cœur	Mon faible cœur
Suffit à peine	Suffit à peine
A mon bonheur.	A mon bonheur.

S.-CLAIR.

De votre père, avec impatience,
Je vais attendre le retour,
Et s'il approuve mon amour...

LUCILE.
J'obéirai sans resistance.

S.-CLAIR.
Vous me laissez ce doux espoir ?
Il doublera mon éloquence,
La nature et l'amour, ce soir ,
Combattront pour votre défense.

LUCILE.
J'espère bientôt vous revoir ,
Vous me rendez a l'espérance,
Je puis sans ôter au devoir
Donner à la reconnaissance.

ROSE.
J'entends quelqu'un, je vous laisse.
(*Elle rentre dans son appartemeut.*)

SCENE VII.

St. CLAIR, JEANNIN.

JEANNIN, (*à part.*)
Un jeune homme !

St. CLAIR, (*sans voir Jennain.*)
Grâces, esprit, talens, elle a tout.

JEANNIN, (*à part.*)
Il parle de ma fille.

St. CLAIR.
Et pourtant elle m'échappait . si le hasard n'eut fait tomber le journal sous ma main.

JEANNIN, (*à part.*)
C'est un prétendant.

St. CLAIR, (*toujours sans voir Jeannin.*)
Et son père qui n'arrive pas !..

JEANNIN, (*se montrant.*)
Le voici, monsieur.

St. CLAIR.
Quoi, monsieur, c'est vous ?.. (*à part.*) Il a, en effet, l'air d'un original

JEANNIN.
Oui, monsieur, c'est moi qui ai fait mettre dans les journaux l'article que vous avez lu ce matin. Monsieur est garçon, sans doute ?

St. CLAIR.
Il ne tient qu'à vous que je cesse de l'être.

JEANNIN.
J'entends : vous avez vu ma fille, elle vous plait, et vous me demandez sa main?

St. CLAIR.
Comme une faveur à laquelle est attaché désormais le bonheur de ma vie.

JEANNIN, (*à part.*)

De l'expression dans les traits!... physionomie heureuse! (*haut*) je vais vous inscrire au nombre des prétendans. Ma foi, vous ouvrez la liste. (*Il se dispose à écrire.*) Votre nom, s'il vous plaît?

St. CLAIR.

St. Clair.

JEANNIN, (*regardant avec attention, à chaque demande.*)

(*Il doit observer ce jeu de scène pendant toute la pièce.*)

Votre âge?

St. CLAIR.

Vingt cinq ans.

JEANNIN.

Votre état?

St. CLAIR.

Je suis...

JEANNIN.

Médecin, je gage ; car vous joignez à un air réfléchi, un regard pénétrant qui décèle le savant et l'observateur.

St. CLAIR.

Je suis négociant.

JEANNIN.

Négociant? eh bien! monsieur, vous avez manqué votre vocation, et voilà d'où naissent les bévues, les désordres continuels que nous voyons dans tous les états : pour céder à l'attrait d'une profession qui nous sourit, ou contrarie le vœu de la nature ; aussi les marchands se ruinent, les avocats perdent leurs causes, les médecins tuent leurs malades et les astronomes prédisent la fin du monde... Mais revenons.

St. CLAIR.

J'oubliais un point essentiel. Je ne dois pas vous laisser ignorer, monsieur, que mademoiselle votre fille a daigné me laisser entrevoir quelque espérance.

JEANNIN.

Peste! déja? comme vous y allez!... Il paraît que vous avez des moyens de séduction aussi prompts qu'infaillibles.

St. CLAIR.

Je ne vois dans ce rapport de sentimens, que le gage assuré de l'union la plus heureuse.

JEANNIN.

Vous croyez?....

St. CLAIR.

Un moment a suffi pour m'en convaincre.

JEANNIN, (*à part.*)

La friponne a donc bien employé ce moment-là?

St. CLAIR.

Ah! monsieur, que vous êtes heureux de posséder un aussi aimable enfant!

JEANNIN.

N'est-ce pas qu'elle est jolie?

St. CLAIR.

Adorable.

JEANNIN.

Et d'une vivacité?..

St. CLAIR.

Dites plutôt d'une douceur céleste.

JEANNIN (*a part*.)

Comme les filles savent déguiser leur caractère, la veille du mariage! (*haut*.) Et son espièglerie, heim? qu'en dites-vous?

St. CLAIR.

Son espièglerie?.. tous ses traits respirent la plus aimable candeur.

JEANNIN, (*à part*.)

Mauvais physionomiste... (*haut*.) Allons, monsieur, à ce soir.

St. CLAIR.

A ce soir?.. et pourquoi attendre?

JEANNIN.

Parce que d'autres peuvent se présenter.

St. CLAIR.

Mais à égalité de titres, le soin que j'ai eu d'accourir le premier, doit faire pencher la balance de mon côté.

JEANNIN.

Me croyez-vous homme à donner ma fille au premier venu?.. à ce soir, vous dis-je; et si elle n'a pas changé de sentiment, demain je vous nomme mon gendre. Êtes-vous content?

St. CLAIR.

Vous me le promettez?

JEANNIN.

Doutez-vous de ma parole?

St. CLAIR.

Adieu, mon cher beau père. (*il sort*.)

JEANNIN, (*seul*.)

Son cher beau père!.. il pourrait bien avoir raison, et à moins qu'il ne se présente un jeune homme dont la physionomie me convienne davantage...

SCÈNE VII.

JEANNIN, M. ROCH.

ROCH, (*accourant*.)

Me voilà... la demoiselle est encore à marier, comme de raison?

AU PUBLIC.

JEANNIN.

Oui, monsieur.

ROCH.

Peut-on la voir?

JEANNIN.

Dans l'instant. Mais à qui ai-je l'honneur de parler ?

ROCH.

A Jean-Baptiste Roch, maître d'une fortune honnête, chose assez commune, mais honnêtement acquise, chose assez rare; entrepreneur des bains qui vont avoir lieu sous le pont de l'Ecole-Militaire qu'on va construire; habitué du Café de la Régence, où je m'instruis, en déjeûnant, de toutes les nouvelles politiques, commerciales, littéraires ; terres à vendre, pièces nouvelles, rien ne m'échappe. Je n'achète pourtant rien, je ne lis pas, je me sers moi-même, je ne vais jamais au spectacle, mais il est toujours agréable de savoir ce qui s'est fait hier, ce qu'on vend aujourd'hui et ce qu'on sifflera demain...

JEANNIN.

Vous êtes, à ce qu'il me parait, un homme universel.

ROCH.

AIR.

C'est un plaisir, ma foi,
C'est un besoin pour moi
D'aller, venir, de voir ce qui se passe.
Je suis au fait de tout,
Je suis connu partout,
Du commerçant, du grand, de l'homme en place.
Quelque chose enfin que l'on fasse,
Dans tout Paris, de l'un à l'autre bout,
Je le sais, rien ne m'embarrasse.
Bijou volé,
Drame sifflé,
Hôtel vendu,
Carlin perdu,
Je vois tout, j'entends tout, rien ne m'est inconnu.
« M. Roch pourriez-vous m'apprendre,
» Si cette maison est à vendre ?
» M. Roch, combien le cheval
» Que l'on a mis sur le journal ?
» M. Roch, je voudrais bien être
» Engagé chez quelque bon maître ».
En un mot, achat, vente ou troc
Rien ne se fait sans M. Roch.

« M. Roch! M. Roch ? et toujours M. Roch. »

Des gens que je hante,
Je suis renommé :
Chacun d'eux charmé,
M'estime et me vante,
Et m'a surnommé
Gazette ambulante.

C'est un plaisir ma foi, ect.
« M. Roch, je suis sans emploi,
» M. Roch, pensez-vous à moi ?
» M. Roch, je cherche une place,
» M. Roch, placez-moi de grace,
« M. Roch, M. Roch, daignez penser à moi,
« M. Roch, M. Roch, M Roch, M. Roch?.. »
« Enfin, drame sifflé, bijou pris, chien perdu,
Je vois tout, j'entends tout, rien ne m'est inconnu.

JEANNIN, (*à part.*)

Singulier original! (*haut.*) Et votre intention, en venant voir la Lyonnaise annoncée, est...

ROCH.

De l'épouser, comme de raison. Voilà trente-cinq ans que je cours après une femme. Toujours refusant ou refusé, je désespérais de la trouver, quand ce matin j'entre au café; les Petites-Affiches me tombent sous la main; j'y vois une fille à marier... Parbleu! me dis-je, voilà peut-être la femme que mon étoile me réservait... je me lève, sans me donner le tems d'achever une bavaroise que je prenais alors, ni même de la payer... j'accours à la hâte, j'arrive essoufflé, je vois la personne en question, elle me plaît, je lui conviens, nous nous marions, je l'établis, comme de raison, à la tête de mes bains, sa beauté attire chez moi la meilleure société de Paris, je deviens l'homme à la mode, et en moins de six mois, les bains de Roch finissent par couler tous les bains de Paris.

JEANNIN.

Vous voyez de loin, monsieur.

ROCH.

C'est le fruit de quarante années d'observations et d'expérience... mais la demoiselle, je vous prie, car je suis très-pressé.

JEANNIN, (*appellant.*)

Rose?

ROCH.

Vous êtes son père, comme de raison?

JEANNIN.

Oui, monsieur... Rose?

SCENE II.

JEANNIN, M. ROCH, ROSE.

ROSE, (*un livre à la main.*)

Mon père? (*voyant Roch.*) ha! ha! ha!

ROCH.

Elle est fort gaie, votre demoiselle?

JEANNIN.

Très-gaie.

AU PUBLIC.

ROSE.

Ha! ha! ha! ha! la drôle de tournure!

JEANNIN, (*bas à Rose.*)

Voulez-vous bien ne pas rire comme cela?

ROCH.

Mademoiselle, je viens...

ROSE.

Pour m'épouser, sans doute?

ROCH.

Comme de raison,

ROSE.

Ha! ha! ha! ha!

ROCH, (*à Jeannin.*)

Permettez.... est-ce de moi qu'elle rit, ou du livre qu'elle tient à la main?

JEANNIN.

C'est du livre. Quelque folie, sans doute, ou quelque mauvais roman...

ROCH.

C'est qu'elle serait la première que l'offre de ma main aurait fait rire.

ROSE, (*à demi-voix.*)

S'ils sont tous comme celui-là, je vais bien m'amuser.

ROCH, (*qui l'entend.*)

Comment?

JEANNIN.

Elle parle des autres volumes de l'ouvrage.

ROCH.

A la bonne heure. Dites-moi, êtes-vous bien sûr que son cœur soit libre?.. c'est qu'en l'épousant, je ne voudrais pas, comme de raison...

JEANNIN.

C'est juste. Entre nous, s'il faut vous parler franchement, je crois que vous vous y êtes pris un peu tard.

ROCH.

Je n'ai que cinquante ans.

JEANNIN.

Vous n'en auriez que vingt...

ROCH.

Ah! j'entends; le cœur a parlé pour un autre.

JEANNIN.

Je le crains.

ROCH.

Allons, c'est fait pour moi.

JEANNIN.

Cependant rien n'est encore désespéré. Prenez la peine

de revenir ce soir, et je vous donnerai une réponse décisive.
ROCH.
Je reviendrai; mais, en cas de refus, n'auriez-vous pas une autre fille à marier? une nièce, une cousine, une sœur, une tante, une?..
JEANNIN.
Non.
ROCH, (à Rose.)
Mademoiselle, mon espoir, ma liberté, mon bonheur, ma vie, tout est entre vos mains... je vais achever ma bavaroise, et reviendrai tantôt savoir mon sort. Trop heureux, comme de raison, si d'ici là, vous daignez donner une pensée, je n'ose dire un soupir à votre plus fidèle et plus ardent admirateur, Jean-Baptiste Roch. (*il sort*).

SCÈNE X.
JEANNIN, ROSE.

ROSE, (*à Jeannin qui écrit sur la liste de concours.*)
Est-ce que vous l'inscrivez, mon père?.. ce n'est sans doute pas là l'époux que vous me destinez!.... madame Roch! le joli nom!...
JEANNIN.
J'en connais un que tu préférerais.
ROSE.
Moi, mon père?
JEANNIN.
Ne vas-tu pas faire l'ignorante? allons, allons, je sais tout.
ROSE.
Que savez-vous donc?
JEANNIN.
Qu'un autre que M. Roch a trouvé le chemin de ton cœur.
ROSE, (à part.)
Binval aurait-il parlé?
JEANNIN.
Je l'ai vu.
ROSE.
Vous l'avez vu?
JEANNIN.
Il sort d'ici; il m'a avoué sa tendresse et l'espoir qu'il avait de te la faire bientôt partager.
ROSE.
Que lui avez-vous répondu, mon père?

JEANNIN.

Qu'il pouvait compter sur ta main, s'il ne se présentait pas de concurrent qui l'emportât sur lui.

ROSE.

Ah ! jamais, jamais, mon père, nous nous sommes juré cent fois une fidélité éternelle.

JEANNIN.

Cent fois, en si peu de tems ? diable ! voilà une passion bien prompte, et je vois que tous les autres auront tort après lui. Eh bien ! si sa fortune...

ROSE.

Elle est au moins égale à la vôtre, mon père.

JEANNIN.

Oui ?.. ving-cinq ans, une carrière honorable, de la fortune, et par-dessus tout cela, une physionomie honnête et prévenante, allons, ma fille, j'approuve ton choix, et...

ROSE.

Est-il possible ?.. Ah ! mon père, que je vous embrasse. Blinval, cher Blinval !

JEANNIN.

Eh bien ! a-t-elle perdu la tête ?

SCENE XI.

JEANNIN, ROSE, BLINVAL.

ROSE.

Cher Blinval, mon père consent à nous unir.

BLINVAL.

Ah ! monsieur, se pourrait-il ?...

JEANNIN.

N'en croyez rien, on a surpris mon aveu.

ROSE.

O ciel !

JEANNIN.

Quoi ! mademoiselle, c'est monsieur que vous aimez ?..

ROSE.

Mais vous le saviez bien, mon père.

JEANNIN.

Si je l'avais su, je ne serais pas descendu dans son hôtel.

BLINVAL.

Doutez-vous de la pureté de mes sentimens ?

JEANNIN.

Je ne doute de rien ; mais votre état ne me convient pas.

BLINVAL.

Il ne diffère pas du vôtre.

JEANNIN.

Croyez-vous que j'aye oublié les torts de votre père envers moi?

BLINVAL.

Mon père n'existe plus.

JEANNIN.

Ses torts existent.

BLINVAL.

Je les réparerai.

JEANNIN.

Ils sont irréparables; d'ailleurs, monsieur, il ne m'a pas fallu vous voir deux fois pour me dire : voilà un homme léger, inconséquent par principes, qui néglige ses affaires pour ses plaisirs, courtise toutes les femmes, n'en aime aucune, et fera le malheur de celle qui sera assez folle pour l'épouser.

BLINVAL.

Assez folle?..

JEANNIN.

Oui, monsieur, assez folle; ainsi, pour la dernière fois, renoncez a toutes vos prétentions sur la main de ma fille.

BLINVAL.

Pourquoi donc y renoncerais-je? ne l'avez-vous pas mise au concours?

JEANNIN.

Je me suis réservé le droit de vous en exclure... allons, rentrez, mademoiselle, qu'est-ce donc que celà? rentrerez-vous, quand je vous le dis? (*Il l'a fait entrer devant lui.*)

SCENE XII.

BLINVAL (*seul.*)

Ah! monsieur Jeannin, ma figure vous dit que je ne suis pas né pour faire le bonheur de votre fille, et vous m'excluez du concours? eh bien! je vais me métamorphoser pour mériter l'honneur d'être votre gendre ; et tout physionomiste que vous êtes, une fois pénétré de mon illustre personnage, quelque soit votre projet, il me sera facile de le déjouer.

RONDEAU.

Changer de traits, changer de nom,
Changer d'accent et de visage,

AU PUBLIC.

Ce n'est qu'un jeu, qu'un badinage,
Quand l'amour donne la leçon.

Si je puis éblouir
Les yeux que je dois craindre,
Je verrai, sans m'en plaindre,
Mon rang s'évanouir.
Pour celle qu'on adore
Echanger tout son bien,
N'est-ce pas le moyen
De s'enrichir oncore ?

Changer de trait, etc.

Dans leurs tendres amours,
On vit les dieux eux-mêmes
A d'heureux stratagêmes
Avoir souvent recours...
Et si Jupin, pour plaire,
Se métamorphosa,
Blinval imitera
Le maître du tonnère.

Changer de trait, etc.

Fin du premier Acte.

ACTE II.

SCENE PREMIERE.

BLINVAL, ROSE.

BLINVAL, (*à la porte de Rose.*
Rose ?... Rose ?...

ROSE, (*sortant mystérieusement.*)
C'est vous, Blinval ?.. parlons bas... mon père repose... c'est son usage, quand il a dîné... mais le moindre bruit l'éveille, et s'il nous surprenait ensemble, après la manière dont il vous a reçu tantôt...

BLINVAL.
Est-il toujours furieux contre moi ?..

ROSE.
Plus que jamais, et très-décidé à quitter demain votre hôtel. Pouvais-je prévoir aussi que ce monsieur Saint-Clair irait prendre mon père pour celui de la jeune musicienne qu'il venait d'entendre ? mais le tems presse... voyons, que comptez-vous faire ? avez-vous quelque projet ?.. aucun, je gage ; sur les refus et les menaces de mon père, vous serez rentré dans votre appartement, pour y fulminer à votre aise, et l'orage calmé, vous venez auprès de moi chercher des consolations.

BLINVAL.

Au contraire, je vous en apporte.

ROSE

Ah ! voilà qui me réconcilie avec vous. Mais quel peut être votre dessein, puisque mon père vous a exclu du concours ?

BLINVAL.

Je me remets sur les rangs.

ROSE.

Vous ?

BLINVAL.

Moi-même.

ROSE.

Il vous refusera.

BLINVAL.

Peut-être... j'ai un moyen...

ROSE.

De comédie ?

BLINVAL.

Les plus communs sont ceux dont on se défie le moins.

ROSE.

Et quel est-il ?

BLINVAL.

Personne n'écoute ?

DUO.

BLINVAL.

C'est à trois heures.....

ROSE.

A trois heures.....

BLINVAL.

Que je fais ce coup périlleux.

ROSE.

Il en est deux.

BLINVAL.

Tant mieux, tant mieux,
En fait de ruses, à mes yeux,
Les plus promptes sont les meilleures.

ROSE.

Voyons donc ce coup périlleux.

BLINVAL.

Affublé d'un large panache,
Je me transforme en colonel,
Et sous une épaisse moustache
J'entre inconnu dans mon hôtel.

ROSE.

Vous demandez la demoiselle
Dont parle la feuille du jour.

AU PUBLIC.

BLINVAL.
Je vous vois, jeune, aimable et belle,
Je vous déclare mon amour.

ROSE.
Les yeux baissés, je vous écoute.

BLINVAL.
Votre père vous presse....

ROSE.
Il sourit à mon choix...

BLINVAL.
Ma fortune lui plait, je la lui donne toute...

ROSE.
Et bientôt, de Blinval il reconnaît la voix.

BLINVAL.	**ROSE.**
Je suis sûr de faire merveilles;	Je crains bien qu'avec vos merveilles
Je change de voix sans effort,	Vous ne fassiez naufrage au port,
Et je ferai sonner mon or,	Et que tout le son de votre or
Pour mieux étourdir ses oreilles.	Ne puisse tromper ses oreilles.

ROSE.
Mon ami, pour qu'un plein succès
Couronne cette comédie,
Offrez-lui d'un seigneur anglais
Le langage, l'habit, les traits,
Et sur-tout, s'il se peut, la physionomie.

ROSE.	**BLINVAL.**
Il faut flatter sa manie.	Allons, flattons sa manie.

BLINVAL.
L'air bien gauche et même un peu niais,
La coëffure bien symétrique,
le ton lourdement pathétique,
Je suis Anglais........

ROSE.
Oh! bien Anglais.

BLINVAL.
Leur langue m'est peu familière.

ROSE.
Quelques goddem feront l'affaire.

BLINVAL.
Goddem! goddem! est-ce comme cela?

ROSE.
Vous y voilà, vous y voilà.

Ensemble.

De $^{ma}_{sa}$ folle métamorphose,
L'effet peut nous être fatal;
Mais savoir égayer son mal,
C'est toujours quelque chose,

SCENE II.

Les Précédens, RIVIÈRE.

RIVIÈRE.

Ah! je vous cherchais, monsieur... voici des lettres que je vous prie de faire porter à la poste.

BLINVAL.

Elles y seront dans cinq minutes. (*à Rose.*) A trois heures, ma femme.

ROSE.

A trois heures.

RIVIERE.

Madame, permettez-moi de vous témoigner combien je suis satisfait de la promptitude avec laquelle on est servi chez vous.

ROSE.

Vous seriez le premier voyageur qui aurait eu à se plaindre de moi.

RIVIERE.

Mais on ne doit pas s'étonner de l'ordre qui règne dans votre maison : qui ne serait jaloux d'obéir à une aussi jolie hôtesse?

ROSE.

Monsieur n'a besoin de rien?

RIVIERE.

Pardonnez-moi, veuillez bien donner l'ordre, je vous prie, de faire avancer une voiture.

ROSE.

Tout de suite?

RIVIERE.

Dans un quart-d'heure.

ROSE.

Vous allez être obéi. (*à part*) allons, me voilà tout-à-fait maîtresse de la maison. (*elle sort*).

SCENE III.

RIVIERE, (*seul.*)

Allons, tout va bien : mes créances remboursées, mes fonds placés chez les meilleurs banquiers de Paris, ma terre affermée et en plein rapport!.. voilà qui justifiie bien le choix que j'ai fait. St. Clair sera mon gendre; je jouis d'avance de la surprise que je vais lui causer.., faire à mon âge le voyage de Lyon à Paris, exprès pour... ma foi, il le méritait...

il ne vient pas ; il a dû cependant trouver mon billet, en rentrant chez lui :.. ah ! le voici!

SCENE IV.

RIVIERE, St. CLAIR

St. CLAIR.

Eh ! bon jour, mon cher monsieur Rivière : je viens d'apprendre votre arrivée, et j'accours vous embrasser.

RIVIERE.

De tout mon cœur, mon cher ami.

St. CLAIR.

Puis-je savoir quel heureux hazard vous amène à Paris?

RIVIERE.

Ce n'est point un hazard ; parbleu, j'y viens marier ma Lucile.

St. CLAIR.

Tant mieux, nous ne ferons qu'une nôce.

RIVIERE.

Que voulez-vous dire ?

St. CLAIR.

Je me marie aussi.

RIVIERE.

Vous ?

St. CLAIR.

Moi-même, pourquoi cette surprise ?

RIVIERE.

C'est à vous que je destinais ma fille.

St. CLAIR.

A moi, monsieur Rivière ! Vous me voyez confus... si vous aviez daigné me prévenir de l'honneur que vous me réserviez, je me serais gardé de prendre d'autres engagemens ; mais ils n'est plus tems.

RIVIERE.

Ainsi, vous refusez ma Lucile ?

St. CLAIR.

Pardon, mille fois pardon, monsieur Rivière, j'en aime une autre.

RIVIERE.

Si vous connaissiez ma fille...

St. CLAIR.

Si vous connaissiez celle de monsieur Jeannin !..

SCÈNE V.
RIVIERE, St. CLAIR, ROCH,

RIVIERE.

Ah! c'est mademoiselle Jeannin que vous aimez?

ROCH, (*à part et dans le fond.*)

Ma prétendue!

RIVIERE

Eh bien, monsieur, épousez mademoiselle Jeannin.

ROCH, (*de même.*)

Qu'il l'épouse!

RIVIERE.

Mais ne croyez pas que l'établissement de ma fille soit reculé pour cela.

ROCH, (*à part.*)

Il a une fille?.. ah! ah!..

RIVIERE.

Je la marierai, non à un jeune homme, qui ne sentirait peut-être pas plus que vous le prix de la femme que je lui donnerais, mais à un homme sage, éclairé, sensible...

ROCH, (*accourant.*)

Vous ne pouviez pas mieux tomber. (*à St. Clair*) jeune homme, je ne vous en veux pas. Mais comment se nomme ce monsieur?

St. CLAIR.

Monsieur Rivière.

ROCH.

Monsieur Rivière, êtes-vous mon ami?

RIVIÈRE.

Monsieur je ne crois pas avoir l'honneur de vous connaître.

ROCH.

C'est égal, monsieur, vous avez une fille?

RIVIÈRE.

Que monsieur refuse, sans l'avoir vue.

ROCH.

Et que j'accepte de même.

RIVIÈRE.

Vous, monsieur?

ROCH.

Comme de raison; le cœur du jeune homme est pris, le mien est à prendre; je le livre à mademoiselle votre fille avec tout ce que je possède, et sans la connaître, je suis sûr d'avance de faire un bon marché.

RIVIÈRE.

Qu'appellez-vous un bon marché?..je ne suis pas en train de plaisanter.

AU PUBLIC.

ROCH.

Je ne plaisente pas.

RIVIÈRE.

Laissez-moi.

ROCH

Je ne vous laisserai qu'avec la certitude, ou au moins l'espérance que mademoiselle votre fille...

RIVIÈRE, (*sortant.*)

A d'autres, monsieur; à d'autres.

ROCH.

Je n'en trouve pas.

SCÈNE VI.

JEANNIN, St. CLAIR, M. ROCH.

JEANNIN, (*à St. Clair.*)

Ah! vous voilà, monsieur? où diable avez-vous été prendre que ma fille vous aimait?

ROCH, (*revenant.*)

Elle ne l'aime pas?.. je me remets sur les rangs...

St. CLAIR, (*à Jeannin.*)

Que voulez-vous dire?..

JEANNIN.

Que vous êtes un très-mauvais physionomiste, monsieur.

St. CLAIR.

Quoi, mademoiselle votre fille!..

JEANNIN.

Mademoiselle ma fille n'a jamais pensé à vous.

ROCH.

Ainsi, comme de raison, elle me revient.

St. CLAIR.

Mais, puis-je douter de ce que j'ai vu, entendu, ici même?

JEANNIN.

C'est également ici même qu'elle m'a avoué son amour pour un autre.

ROCH, (*à part.*)

Serait-ce pour moi?....

S. CLAIR.

Et quel est le rival qui m'est préféré?....

JEANNIN.

Monsieur Blinval.

S. CLAIR.

Le maître de cet hôtel?....

JEANNIN.

Qui m'a même demandé sa main.

S. CLAIR.

Le traître !.... Elle ignore donc qu'il est marié ?

JEANNIN.

Qui ? Blinval ?

S. CLAIR.

Depuis six mois.... J'ai vu sa femme.

JEANNIN.

Sa femme !...

ROCH.

Il lui en faut deux !...

S. CLAIR.

Il me l'a présentée ce matin.

JEANNIN.

Le misérable !... Je cours....

S. CLAIR.

Non ; le fourbe n'ignorait pas le motif qui m'amenait ici ; il a abusé de ma confiance, c'est moi que l'affaire regarde.

JEANNIN.

Ne suis-je pas aussi offensé que vous ? N'a-t-il pas voulu séduire ma fille ?.... Mettons-nous tous deux à sa poursuite ; ce sera bien le diable s'il nous échappe, et nous lui ferons payer cher....

S. CLAIR.

Venez, venez ; et malheur à lui si je le rencontre.

ROCH, (*le poursuivant.*)

Monsieur Jeannin, Monsieur Jeannin.

SCENE VII.

LUCILE, (*seule, sortant de son cabinet.*)

Je croyais avoir entendu la voix du jeune homme de ce matin ; mais non, il ne revient pas.... Est-ce que son père s'opposerait à notre mariage ? Il aurait bien tort.

COUPLETS.

On dit qu'aimer est le bonheur suprême,
  Lorsque l'amant devient époux ;
  Voilà pourquoi, depuis que j'aime,
  Je crois jouir d'un sort plus doux.
  A tous les devoirs du ménage,
  Je me soumets aveuglement,
  Je ne sais pas ce qu'est le mariage,
  Mais le mot est vraiment charmant.

AU PUBLIC.

L'un, dans l'hymen ne voit qu'un dieu perfide,
  L'autre, en ce dieu, voit un soutien...
  Que doit en croire un cœur timide ?
  Est-ce le mal ? est-ce le bien ?
  Jusqu'ici nul fâcheux présage
  Ne m'épouvante, et cependant
Je ne sais pas ce qu'est le mariage,
  Mais le mot est vraiment charmant.

Depuis long-tems, j'ai la secrète envie,
  De savoir à quoi m'en tenir ;
  J'aurais été vraiment punie
  De ne pouvoir y parvenir ;
  Enfin me voici dans l'âge
  Où l'on cesse d'être un enfant,
Et je saurai si, dans le mariage,
  Comme le mot, tout est charmant.

SCENE VIII.

ROCH, LUCILE.

ROCH.

Impossible de le rejoindre.... (*Appercevant Lucile.*) Peste ! la jolie personne !... Serait-ce ?... N'est-ce pas à mademoiselle Rivière que j'ai l'honneur de parler ?

LUCILE.

Oui, Monsieur.

ROCH, (*à part.*)

Bon ! (*haut.*) Ne m'ayant jamais vu, vous ne me reconnaissez pas, comme de raison.

LUCILE.

Non, Monsieur.

ROCH.

Mais vous devinez sans doute ce qui m'amène, hein ?

LUCILE.

Ce qui vous amène ?...

ROCH.

N'est-il pas question de vous marier ?...

LUCILE.

Oui, Monsieur....

ROCH.

Et votre cœur n'a-t-il encore parlé pour personne ?...

LUCILE, (*à part.*)

Ah !... c'est le père du jeune homme !

ROCH.

Vous rougissez ?... Allons, allons, regardez-moi. Le parti vous convient-il ?...

LUCILE.

Oh ! beaucoup, Monsieur,...

ROCH.
Comment ! à la première vue ?...
LUCILE.
Oh! mon dieu, oui ; n'a-t-il pas tout ce qu'il faut pour plaire ?... Figure aimable....
ROCH.
Ah !...
LUCILE.
Maintien noble....
ROCH.
Ah !...
LUCILE.
Esprit cultivé....
ROCH.
Ah !...
LUCILE.
Et une manière de s'exprimer....
ROCH.
Peu commune.... j'en conviens.... Mais son âge ne vous effraie-t-il pas ?...
LUCILE.
Au contraire, c'est l'âge où l'on aime bien.
ROCH.
Vous consentez donc que je vous demande à monsieur votre père ?
LUCILE.
Comment donc ?... je vous en supplie....
ROCH.
Et si j'obtiens son aveu...
LUCILE.
Ah ! comme je vous aimerai !...
ROCH (*transporté.*)
Enfin en voilà une! (*revenant à Lucile.*) je cours, je vole à sa recherche, je le trouve, je renouvelle mes prières,..
LUCILE.
Vous lui avez donc déjà parlé ?
ROCH.
Dans l'instant même ; mais il n'a pas voulu, comme de raison, se rendre à mes premières instances, parce qu'il n'est pas décent, voyez-vous, qu'un père ait l'air pressé de marier sa fille ; mais cette fois-ici, assuré comme je le suis de vos sentimens, je vais lui parler avec un feu, une éloquence, une... une... laissez-moi faire.
LUCILE.
Que de bontés !.. et comme vos enfans vous chériront...

ROCH.
Mes enfans !... (*à part.*) elle pense déjà à l'avenir.
LUCILE.
Vous n'avez que ce fils-là, monsieur ?...
ROCH.
Plait-il ?...
LUCILE.
C'est votre seul enfant ?...
ROCH.
Qui ?
LUCILE.
Ce jeune homme ?
ROCH.
Quel jeune homme ?...
LUCILE.
Celui que vous me proposez... pour mari.
ROCH.
Mais pour qui me prenez-vous donc ?...
LUCILE.
Pour mon futur beau-père...
ROCH.
Votre beau-père ?... mais, mademoiselle, je suis garçon.
LUCILE.
Encore ?
ROCH.
Et c'est moi qui viens vous épouser.
LUCILE.
Vous ?... ah ! mon Dieu !... (*elle se sauve.*)
ROCH.
Allons... n'y a-t-il pas un sort, un génie, un démon acharné à me nuire ?... au moment où je crois tenir le fruit de trente-cinq années de courses et de soupirs..... peste soit des femmes !...

SCÈNE IX.
ROCH, JEANNIN.
JEANNIN.
Où diable ce Blinval s'est-il fourré ?...
ROCH, (*saisissant Jeannin par le bras.*)
Ah ! monsieur Jeannin, je ne vous quitte plus... il me la faut.
JEANNIN.
Comment ?...
ROCH.
Il me la faut.

JEANNIN.

Il vous la faut !... qui ?... quoi ?...

ROCH.

Votre demoiselle !... elle n'aime pas celui que vous lui destiniez, celui qu'elle aime est marié, je suis donc l'homme qui lui convient, et vous allez sans doute...

JEANNIN.

Vous nommer mon gendre, n'est-ce pas ?

ROCH.

Comme de raison.

JEANNIN.

Impossible.

ROCH.

Allons, je ne sais pas ce que j'ai fait à tous ces pères-là, moi.

JEANNIN.

Le traître était marié !...

ROCH.

Eh ! laissez-là votre Blinval avec sa femme, et pensez à moi, qui vous en demande une.

JEANNIN.

Impossible, monsieur, combien de fois faudra-t-il vous le répéter ?... je veux le bonheur de ma fille, et quoique vous m'ayez dit ce matin de votre caractère, j'ai su le pénétrer, et votre physionomie, loin d'annoncer un homme né pour le mariage, dénote une tête froide, un esprit systématique, tout entier à ses résolutions de problêmes, à ses jeux de combinaisons...

ROCH.

Je joue au domino.

JEANNIN.

En un mot comme en cent, vous ne me convenez pas, et je vous refuse ma fille pour la dernière fois.

ROCH.

Eh bien ! tant pis pour vous, tant pis pour elle, tant pis pour moi.

JEANNIN.

A la bonne heure.

ROCH, (*se radoucissant.*)

Quoi ! monsieur, vous ne voulez pas absolument ?...

JEANNIN.

Non, non, non, non, m'entendez-vous maintenant !...

ROCH.

Eh ! que diable, il fallait donc me le dire tout de suite, sans me faire perdre ici un tems précieux... ah ! pauvre

Roch ! pauvre Roch ! sous quelle étoile es-tu donc né?..
tâchons vîte de ratrapper monsieur Rivière.
(*il sort en courant*)
JEANNIN.
Quel acharnement ! (*il appelle*) Rose ?...

SCENE X.
JEANNIN, ROSE.

ROSE, (*gaîment.*)

Est-ce encore un prétendant, mon père ?
JEANNIN.
Non, j'ai à vous parler d'un objet qui vous plaira davantage, car il vous intéresse...
ROSE.
C'est donc de Blinval ?
JEANNIN.
Oui, mademoiselle, du plus faux des hommes.
ROSE.
Que vous a-t-il donc fait encore pour mériter ?
JEANNIN.
Ce qu'il m'a fait ?... il vous jure qu'il vous aime, n'est-il pas vrai ?... qu'il vous adore ?...
ROSE.
Oui, mon père...
JEANNIN.
Qu'il n'aspire qu'au bonheur d'être votre époux ?
ROSE.
Sans doute. Eh bien ?...
JEANNIN.
Eh bien ? mademoiselle il est marié.
ROSE, (*feignant la plus grande surprise.*)
Marié ?...
JEANNIN.
Monsieur Saint-Clair connaît sa femme.
ROSE, (*à part.*)
Et moi aussi... (*haut, en jouant la douleur.*) malheureuse ! (*on entend sonner trois heures.*) (*à part.*) trois heures ? il va venir.
JEANNIN.
Eh bien ! sa physionomie m'a-t-elle trompé ?...
ROSE.
Je suis moins affligée que révoltée du procédé de ce perfide, et pour lui prouver le mépris qu'il m'inspire, je donne ma main au premier prétendant qui se présentera.

JEANNIN.
Et pourquoi pas à ce jeune Saint-Clair qui t'aime ?
ROSE.
Je doute qu'il me rendît heureuse.
JEANNIN.
Mais sais-tu si le premier ?...
ROSE.
Il me plaira, mon père, il me plaira, et je voudrais déjà qu'il fût ici.
UN DOMESTIQUE, (*annonçant*).
Mylord Williamson.
JEANNIN.
Un Mylord ! ah ! ma fille, auras-tu perdu pour attendre ?

SCÈNE XI.
JEANNIN, ROSE, BLINVAL *déguisé en milord Anglais*.

BLINVAL.
L'y été point ici un mademoiselle à marier ?...
JEANNIN.
Oui, milord, et c'est son père qui a l'honneur de vous la présenter... Rose, saluez mylord. (*à part.*) Oh ! la belle tête !... comme c'est Anglais !...
ROSE, (*à part.*)
Bon ! il ne le reconnait pas.
BLINVAL.
Goddem ! je trouver le mademoiselle cholie beaucoup fort... c'est le premier fois, le gazette dire le vérité...
ROSE.
Mylord est galant...
BLINVAL.
Non, ché été franche, et si vous plaisiez point à moi, ché dirais tout de même.
ROSE, (*bas à Jeannin.*)
Je l'épouse, mon père, je ne me dédis pas.
BLINVAL.

AIR.

J'ai vu mille demoiselles
Toutes jeunes, toutes belles,
J'étais tous les jours près d'elles,
Et j'eprouvé pas rien du tout.
Mais en vous, tout il m'enflamme,
Oui, je retrouvé mon ame :
Vous été le première femme
Que je trouvé tout à mon goût.
De l'Angleterre à la France,

AU PUBLIC.

>Good god! quelle différence!.....
C'est le glace et le feu........
Vous êtes toute adorable,
Je aimé vous comme un diable,
Vous plaisez moi comme un dieu.
>>What figure!......
What tournure!......
Pauvre mylord!.....
>Ce que ma cœur il éprouve,
Beauty divine, il me prouve
Que je suis amoureux bien fort.
>>What figure!.....
What tournure!....
Pauvre mylord!....
>J'ai vu, etc.

Mais vous, mademoiselle, comment vous trouvez moi? l'y être dans ma personne quelque chose de emprunté peut-être...

ROSE.

C'est un petit défaut ordinaire à tous les étrangers, mais que le moindre séjour à Paris fait bientôt disparaître.

BLINVAL.

Malheureusement ché partir demain.

JEANNIN.

Demain, mylord?...

BLINVAL.

Yes, le roi rappellé moi à le cour...

JEANNIN, (à sa fille.)

Le roi?..

BLINVAL.

Et si je pars pas, je suis disgracié.

JEANNIN.

Disgracié? je ne voudrais pas...

BLINVAL

Ni moi non plus... ché prié donc de décider tout de suite, si je épouse, ou si je épouse pas...

ROSE, (bas à Jeannin.)

Oui, mon père, tout de suite.

JENANIN, (bas à Rose.)

C'est bien mon intention, mais il ne faut pas avoir l'air de se jeter à la tête des gens.

BLINVAL.

J'ai apporté dans ce poche la contrat en blanche pour signer, si moi l'y été capable pour plaire, et dans l'autre les parchemins à moi, pour prouver...

JEANNIN.

Je ne veux pas les voir, mylord.

BLINVAL.

Non lire, lire, lire, je vous prie... l'y été tant d'intrigans, tant de...

JEANNIN.

Vous ne m'auriez pas dit un mot, que je connaîtrais déjà votre pays, votre rang et votre caractère, rien qu'à la coupe de votre visage...

ROSE.

Ah ! mon père est cité dans ce talent-là.

BLINVAL.

Je apperçois bien.

JEANNIN.

Ce front, cette bouche, ces cheveux blonds annoncent un homme franc, incapable de tromper personne.

BLINVAL.

Vous seriez le première.

JEANNIN.

Et vos yeux ?... que diable ! on n'est pas Français avec ces yeux-là.

BLINVAL, (à part.)

Quel homme ! (haut.) Mademoiselle votre fille...

JEANNIN.

C'est comme un cheval... présentez-m'en trente, quarante, cinquante, je dirai ; voilà un Arabe, voilà un Normand, voilà un Anglais...

BLINVAL.

Sur la physionomie de la chival...

JEANNIN.

Ne vous y trompez pas... ils en ont une comme vous et moi, et je vais vous le prouver.

BLINVAL.

Non, je suis pressé considérablement...

ROSE, (bas à Jeannin.)

Vengez-moi donc de Blinval, mon père...

BLINVAL.

Et je prie mademoiselle de prononcer le arrêt qui va rendre moi, le plus fortuné, ou le plus malheureuse des hommes.

JEANNIN.

Vous ne devez pas douter, mylord, que votre recherche ne nous soit agréable.

ROSE (à part.)

Bon !

BLINVAL.

Vous consentez ?... ô mille fois heureux !... vite le contrat. (il lui présente la plume.)

JEANNIN, (*en la prenant, regarde attentivement Blinval.*)

C'est singulier, plus je regarde vos traits...

BLINVAL, (*à part*)

Encore mes traits?...

ROSE,

Que veut-il dire?

JEANNIN.

Je ne me trompe pas.

ROSE (*à part.*)

Ah! mon Dieu!...

JEANNIN.

Je vous reconnais.

ROSE, (*à part.*)

Tout est perdu!...

BLINVAL.

Vous... reconnaissez moi?

JEANNIN.

Oui, pour vous avoir vu, il n'y a pas long-tems...

BLINVAL.

Où donc?

JEANNIN.

A Londres.

ROSE, (*à part.*)

Je respire...

BLINVAL.

Vaus avez été?..

JEANNIN.

J'en arrive, mylord; et toi, ma fille, ne te rappelles-tu pas?...

ROSE.

Oui, mon père, je voyais monsieur par-tout...

JEANNIN.

C'est qu'il me suffit d'envisager une personne une seule fois...

BLINVAL.

Vous avez le mémoire heureuse...

JEANNIN.

Si heureuse, que moi qui, jusqu'à quarante ans, n'avais jamais parlé que ma langue, je n'ai pas plutôt été à Londres, qu'au bout de trois ans, je commançais à parler anglais.

BLINVAL.

Yes, mais le contrat?...

ROSE, (*à part.*)

Quel supplice!...

JEANNIN.

C'est au point que je vous défie vous-même, mylord, de

me mettre en défaut... voyons, parlez-moi anglais !...
speak English...

BLINVAL.

Goddem ! laissons le langue tranquille et prenez le plume...
vous l'y été plus longue pour écrire un mot, que pour dire
mille paroles.

JEANNIN, (*prenant la plume.*)

Pardon, pardon, mylord... c'est que, quand on me parle
de l'Angleterre...

ROSE, (*bas à Blinval.*)

Il va signer.

JEANNIN, (*revenant.*)

A propos, votre terre est-elle éloignée de Londres ?

BLINVAL, (*à part.*)

Il n'en finira pas avec ses questions. (*haut.*) Pas considérablement : il été à trente-six milles de la Tamise, et c'est là que mon épouse il jouira de toutes les honneurs dûs à mon rang et à son beauté. (*à part.*) achevons de l'éblouir.

TRIO.

Maître d'un château magnifique,
Chez moi, toujours nouveaux plaisirs;
Spectacle, bals, jeux et musique
Y préviendront tous vos désirs.

JEANNIN et ROSE.

Y préviendront tous $\genfrac{}{}{0pt}{}{tes}{mes}$ désirs.

BLINVAL.

Nous arrivons, et sous les armes
Je vois toute le garnison
Célébrer, au bruit du canon,
Mon bonheur, ma Rose et ses charmes.

JEANNIN et ROSE.

Au bruit du canon ?

BLINVAL.

Bientôt de mon heureux retour,
Par le voix de la renommée
Toute le ville est informée.

JEANNIN et ROSE.

Ah ! le beau jour !

BLINVAL.

Timballes, cors, clairons, tambour
Préluder, dès le point du jour,
Au réveil de ma bien aimée,
Et le trompette de l'armée
Etre le signal de l'amour.

Ensemble.

JEANNIN et ROSE.	BLINVAL.
Et la trompette de l'armée	Et le trompette de l'armée
Devient le signal de l'amour.	Etre le signal de l'amour.

AU PUBLIC.

JEANNIN.

Ah! mylord, je n'y tiens plus!.... (*il signe et remet à Blinval le contrat.*) Quelle différence de ton Blinval! heim?

BLINVAL.

Blinval?... qu'est-ce que c'est que cette Blinval?

JEANNIN.

Oh! rien, le maître de cet hôtel, un impertinent qui s'était avisé d'aimer ma fille.

BLINVAL.

Aimer votre fille! mon femme!... goddam! je courir chez lui, ché tronver cette drôle, et ché couper les oreilles pour apprendre lui à être ma rival.

JEANNIN et ROSE.

Arrêtez...

BLINVAL.

L'un de nous pas vivre tout-à-l'heure (*il fait pirouetter Roch qui entre avec Rivière et St.-Clair.*) Vous l'y été monsieur Blinval?

ROCH.

Non, monsieur, je suis Roch.

BLINVAL, (*lui secouant le bras et sortant.*)

Tant mieux pour vous, goddem...

ROSE, (*à part.*)

Que va-t-il faire?...

SCÈNE XII.

JEANNIN, ROSE, RIVIERE, ROCH, St. CLAIR.

ROCH, (*à Rivière.*)

Ah! ça, j'espère, monsieur, que je n'aurai pas couru tout Paris pour vous trouver, sans obtenir enfin?...

RIVIÈRE.

Eh! monsieur, vous m'obsèdez.

ROCH.

Mariez-moi, et je vous laisserai tranquille.

JEANNIN.

C'est encore vous, monsieur Roch?

ROCH.

Comme de raison... puisque vous ne voulez pas en finir.

RIVIÈRE, (*appellant.*)

Lucile?... Vous soumettrez-vous à ce qu'elle dira?..

ROCH.

Eh bien! quelle vienne donc... comme le cœur me bat?..

SCENE XIII.

Les Précédens, LUCILE, (*sortant du cabinet.*)

LUCILE.

Mon père ?...

ROCH, (*se jettant aux pieds de Lucile.*)

Mademoiselle... (*il reste en attitude pendant tout le tems que St.-Clair parle à Lucile.*)

St. CLAIR, (*l'interrompant.*)

Fort bien, mademoiselle... ce matin vous paraissiez approuver ma tendresse, et maintenant c'est un autre qui me remplace dans votre cœur.

LUCILE.

Ah ! c'est le jeune homme de ce matin.

RIVIÈRE et JEANNIN.

Il extravague.

ROCH, (*toujours à genoux.*)

Quand vous aurez fini, monsieur, je continuerai.

St. CLAIR, (*montrant Jeannin.*)

Monsieur Jeannin, votre père que voilà, m'a tout appris...

LUCILE.

Monsieur n'est pas mon père.

RIVIÈRE.

Non, sans doute... comment ! tu croyais... touche là, mon ami.... je vois que nous avons été dupes d'une méprise ; que tu as ignoré que je fusse le père de celle que tu aimais, et que ma Lucile n'avait enfin d'autre rivale quelle-même...

St. CLAIR.

Se pouvait-il ?.. ah ! monsieur, ah Lucile !...

JEANNIN.

Voilà le mot de l'énigme :

ROCH, (*se relevant.*)

C'est à dire que mademoiselle épouse monsieur !... il n'entre pas dans ma manière d'être de m'opposer aux volontés d'un père. (*courant vers Rose.*) Mais vous, mademoiselle, vous serez, sans doute, moins barbare que monsieur Jeannin, et vous accepterez l'offre que je vous fais de mon cœur... de ma mian... de...

ROSE.

Comme de raison, monsieur...

ROCH.

Ah !...

ROSE.

Si je n'étais pas mariée.

AU PUBLIC.

ROCH.

Mariée ?...

FINALE.

TOUS.
Ha! ha! ha! ha! l'excellent tour !

ROCH.
Peste soit de ma destinée !...
On voit mille noces par jour,
La mienne est sans cesse ajournée.

TOUS, (*excepté Roch.*)
Ha! ha! ha! ah! cris superflus ?

JEANNIN.
On vient... c'est sans doute mon gendre.
Blinval !... ô ciel ! que vais-je apprendre ?

SCENE XIV.

BLINVAL, *sous ses premiers habits*; JEANNIN, RIVIERE, ROSE, LUCILE, SAINT-CLAIR, M. ROCH.

JEANNIN.
Eh bien ! mylord !...

BLINVAL.
N'existe plus.

TOUS.
N'existe plus?

BLINVAL.

L'air égaré, l'ame interdite
Et le désespoir dans les yeux,
Mylord m'a suivi furieux
Dans l'appartement que j'habite.
A terre, il jette son chapeau ;
Bientôt ses traits changent de forme ;
Il dépouille son uniforme,
Et je l'étends sur le carreau.

JEANNIN.
Ainsi, dans votre rage extrême,
Vous vous êtes couvert du sang de mon beaufils ?...

BLINVAL, (*gaîment.*)
Ce n'était que de ses habits,
Car vous voyez mylord lui-même.

TOUS.
Mylord ?

BLINVAL.
Lui-même.

TOUS, (*excepté Jeannin.*)
Ha! ha! ha! ha! l'excellent tour !...

JEANNIN.
Redoutez ma fureur extrême.

BLINVAL et ROSE.
Pardonnez à notre amour,
Cet innocent stratagême.
JEANNIN.
M'oser parler ainsi, quand il est marié!..
BLINVAL.
Moi!
JEANNIN.
St.-Clair a vu votre femme.
St. CLAIR, (désignant Rose.)
Moi, j'ai cru que c'était madame.
RIVIÈRE.
Une ruse de plus.
TOUS, (excepté Jeannin.)
Que tout soit oublié?
JEANNIN.
Même climat et même année
Ont vu naître nos deux enfans;
Que par les même nœuds, unis en même tems,
Leur bonheur date aussi de la même journée.
TOUS.
Même climat et même année
Ont vu naître vos deux enfans;
Que par les même nœuds unis en même tems,
Leur bonheur date aussi de la même journée.
JEANNIN.
Morbleu, pourquoi suis-je si bon?
Il faut, malgré moi, que je cède.
BLINVAL et ROSE.
Nous avons donc notre pardon?
JEANNIN et RIVIERE.
Oui, vous avez votre pardon.
ROCH.
Allons, c'est un mal sans remède,
Il faut que je meurre garçon.
RIVIERE.
Mes amis, oubliez l'orage
Dont votre cœur fut effrayé....
(à Jeannin.)
Et que ce double mariage
Double à jamais notre amitié.
CHŒUE.
Oubliez, oubliez. } l'orage.
Oublions, oublions.
Dont votre / notre cœur fut effrayé,
Et que ce double mariage
Double à jamais notre amitié.

FIN.

www.ingramcontent.com/pod-product-compliance
Lightning Source LLC
Chambersburg PA
CBHW070710050426
42451CB00008B/581